atelier de receitas Finger Food e pequenas porções

André Boccato & Equipe CookLovers

Cook Lovers

Comidinha de festa

A ideia de finger food já foi mais simples: belisquetes para serem segurados com os dedos de uma mão – enquanto os da outra seguram uma taça de vinho, um drinque ou um suco – e comidos em uma só bocada. Porém, conforme as festas e os encontros foram ocupando o espaço de almoços e jantares mais formais, este conceito também mudou.

Calma. Finger food não deixou de ser um petisco, mas passou a se confundir com comidinhas, muitas vezes servidas em minicocottes, minibowls, forminhas, pratinhos, xicrinhas e shots. Em outras palavras, finger food se firmou como um sem-fim de receitas saborosas, visualmente sedutoras, feitas para serem degustadas em pequenas porções.

Uma pastinha de queijo sobre cracker, um blini com salmão defumado, um bolinho frito ou uma bruschetta são clássicos, assim como as minitaças martinis com ceviche, as panelinhas com risotos cremosos e os sanduíches levinhos, enrolados como wraps. Pratos sem complicações, fáceis de serem preparados, rápidos para serem devorados e que, em nenhum momento, interrompem uma rodada de conversa. E mais: pratos que jamais se confrontam com a máxima da gastronomia – a de que o importante é comer bem.

Neste sentido, o cuidado é o de preparar alimentos deliciosos, que façam o cozinheiro e as visitas se sentirem bem. A "boa comidinha" precisa ser vibrante, divertida e saudável. A grande dica é temperar com intensidade – e não com exagero. Nada de temer o sal, por exemplo. Ele é essencial, tanto para trazer os sabores quanto para equilibrar os alimentos. Alho, pimenta, especiarias, ervas frescas e secas, suco e raspas de limão são outras armas que devem ser empunhadas.

A seleção de receitas a seguir é despretensiosa, ainda que sonhe em proporcionar recepções memoráveis. Seja com um espetinho de carpaccio ao molho simples de mostarda e alcaparras, seja uma saladinha de farfalle e nozes (aromatizada com salsão e hortelã), ou com profiteroles recheados com creme de camarão. Ah, as receitinhas de coquetéis para embalar as reuniões não foram esquecidas, como prova a delicada batida de melão e nectarina.

Sumário

Espetinhos de Carpaccio

Ingredientes:
20 fatias de carpaccio de carne bovina

Molho:
1/2 maço de salsa
1 colher (sopa) de mostarda
3 colheres (sopa) de alcaparras
suco de 1 limão
5 colheres (sopa) de azeite
pimenta-do-reino e sal a gosto
palitos para montar

Modo de preparo:
No processador de alimentos, bata a salsa, a mostarda, as alcaparras, o suco de limão e o azeite até que se obtenha uma pasta. Tempere-a com pimenta-do-reino e sal, se necessário. Reserve. Enrole as fatias de carpaccio, uma a uma, prenda-as nos palitos e coloque-as em uma bandeja. Na hora de servir, jogue o molho.

Rendimento: 20 porções
Tempo de preparo: 15 minutos

Mini-hambúrguer Recheado

Ingredientes:
3 colheres (sopa) de azeite
1/2 cebola média picada
1 lata de tomate pelado picado
sal e pimenta-do-reino a gosto
500g de carne moída
150g de queijo mussarela moído

Modo de preparo:
Em uma panela alta, aqueça o azeite, refogue a cebola, junte o tomate pelado e deixe reduzir até formar um molho espesso (cerca de 15 minutos, em fogo médio). Tempere-o com sal e pimenta. Tempere a carne moída com sal e pimenta, separe um pouco de carne, e recheie com a mussarela moldando a massa no formato de mini-hambúrguer. Sele cada hambúrguer na frigideira, bem quente, até que fique bem dourado de ambos os lados, e para que o queijo também derreta. Coloque os mini-hambúrgueres em um prato e espalhe o molho por cima.

Rendimento: 10 porções
Tempo de preparo: 40 minutos

Salada de Cenoura, Repolho e Uva-passa

Ingredientes:
2 xícaras (chá) de repolho cortado bem fino
2 xícaras (chá) de cenoura ralada
¾ de xícara (chá) de uvas-passas escuras
1 xícara (chá) de maionese
2 colheres (sopa) de suco de limão
sal e pimenta-do-reino a gosto

Modo de preparo:
Em uma tigela, misture o repolho, a cenoura, as uvas-passas, a maionese, o suco de limão, sal e pimenta. Leve à geladeira por, no mínimo, 2 horas antes de servir.

Rendimento: 15 porções
Tempo de preparo: 2 horas e 30 minutos

Salada de Legumes com Salmão

Ingredientes:
3 cenouras médias descascadas
4 batatas médias descascadas
150g de vagens
sal a gosto
1/2 lata de ervilhas em conserva (escorridas)
1 lata de salmão em conserva (escorrido)
1 vidro pequeno de maionese (250g)
2 colheres (sopa) de salsa picada
suco de limão a gosto

Modo de preparo:
Pique as cenouras, as batatas e as vagens em pedaços bem pequenos. Cozinhe tudo, separadamente, com um pouco de sal até ficarem macios. Escorra, espere esfriar e coloque-os em uma tigela. Junte as ervilhas, o salmão esfarelado, a maionese, a salsa, sal e suco de limão. Sirva gelada.

Rendimento: 18 porções
Tempo de preparo: 2 horas

Salada de Farfalle com Nozes

Ingredientes:
1 lata de creme de leite
4 colheres (sopa) de vinagre de vinho branco
1 xícara (chá) de nozes picadas
2 colheres (sopa) de sálvia fresca picada
2 colheres (sopa) de hortelã picada
2 colheres (sopa) de salsão picado
1 tomate sem sementes picado
1/4 de xícara (chá) de cebola roxa picada
5 colheres (sopa) de queijo parmesão ralado
sal e pimenta-do-reino a gosto
300g de macarrão (tipo farfalle) cozido com sal e resfriado

Modo de preparo:
Em uma tigela, misture o creme de leite e o vinagre, mexendo até o creme de leite encorpar um pouco. Adicione as nozes, a sálvia, a hortelã, o salsão, o tomate, a cebola, o queijo parmesão, sal e pimenta-do-reino. Junte o macarrão cozido e misture bem. Guarde a salada na geladeira, retirando-a 30 minutos antes de servir.

Rendimento: 12 porções
Tempo de preparo: 1 hora

Cuscuz Brasileiro

Ingredientes:
2 colheres (sopa) de margarina
1 cebola grande picada
1 dente de alho picado
3/4 de xícara (chá) de polpa de tomate
1/2 xícara (chá) de vinho branco seco
1 xícara (chá) de ervilhas em conserva (escorridas)
3/4 de xícara (chá) de azeitonas verdes (sem caroços) picadas
1 xícara (chá) de palmito picado
1 xícara (chá) de espinafre picado
1 colher (chá) de molho de pimenta forte
1/2 xícara (chá) de água
2 colheres (sopa) de cebolinha picada
2 colheres (sopa) de salsa picada
1 xícara (chá) de farinha de milho
sal a gosto

Modo de preparo:
Em uma panela grande, derreta a margarina e refogue a cebola e o alho. Junte a polpa de tomate, o vinho branco, as ervilhas, as azeitonas, o palmito, o espinafre, o molho de pimenta, sal e a água. Abaixe o fogo, e deixe tudo cozinhar por 5 minutos. Adicione a cebolinha e a salsa, misture e acrescente a farinha de milho. Mexa para misturar bem a farinha, e cozinhe por mais 1 minuto. Despeje a massa quente em formas individuais de furo central, untadas com óleo. Deixe-as amornar e desenforme-as. Sirva o cuscuz morno ou frio.

Rendimento: 10 porções
Tempo de preparo: 30 minutos

Minissuflê de Cheddar

Ingredientes:
3/4 de xícara (chá) de farinha de trigo
sal a gosto
1/2 colher (chá) de mostarda em pó
1/2 colher (chá) de páprica picante
1 xícara (chá) de leite
2 xícaras (chá) de queijo (tipo cheddar) ralado
3 ovos
1 colher (chá) de açúcar

Modo de preparo:
Em uma panela, misture a farinha de trigo, sal, a mostarda, a páprica e o leite. Leve ao fogo mexendo sempre, até engrossar. Junte o queijo e cozinhe até derretê-lo completamente. Desligue o fogo e misture rapidamente as gemas. Bata as claras em neve e incorpore-as à massa, delicadamente. Unte formas individuais para suflê e distribua a massa entre elas. Leve-as ao forno preaquecido em temperatura média-alta, por 20 minutos, ou até dourar a superfície. Retire-as do forno e sirva imediatamente.

Rendimento: 8 porções
Tempo de preparo: 40 minutos

Mousse de Pepino e Truta

Ingredientes:
1 pepino japonês sem as sementes (cortado em cubos)
2 colheres (chá) de sal
1 envelope de gelatina incolor em pó (12g)
1 xícara (chá) de vinho branco seco
250g de filés de truta, sem pele
1 xícara (chá) de cream cheese
2 colheres (sopa) de vinagre
1 colher (chá) de açúcar
2/3 de xícara (chá) de creme de leite fresco
torradas para acompanhar

Modo de preparo:
Coloque os cubos de pepino em uma peneira e polvilhe o sal. Deixe-os descansar por 30 minutos, lave-os e seque-os com papel toalha. Reserve. Hidrate a gelatina em cinco colheres (sopa) de vinho e reserve. Coloque as trutas em uma panela pequena com o vinho restante, e cozinhe-as até ficarem macias. Desfie-as bem e misture com o vinho que sobrou na panela, caso tenha sobrado um pouco. Em uma tigela, misture o cream cheese, o vinagre, o açúcar e a truta. Leve a gelatina ao micro-ondas, por 25 segundos, para dissolver e adicione à mistura da tigela. Bata o creme de leite até engrossar ligeiramente e misture-o ao creme de truta, juntamente com o pepino reservado. Coloque essa mistura em miniformas molhadas e leve-as à geladeira, por 4 horas. Desenforme-as e sirva com as torradas.

Rendimento: 15 porções
Tempo de preparo: 4 horas e 40 minutos

Bruschettas de Brie com Cenoura

Ingredientes:
1 dente de alho amassado
1 colher (chá) de sal
2 colheres (sopa) de manteiga sem sal em temperatura ambiente
8 unidades de Panecitos Tradicionais Nutrella
400g de queijo brie
1 cenoura pequena (ralada no ralo fino)

Modo de preparo:
Em uma tigela, misture o alho, o sal e a manteiga. Passe essa mistura sobre os Panecitos. Corte o queijo brie e distribua-o sobre os Panecitos. Espalhe a cenoura sobre o queijo e coloque as bruschettas em uma assadeira. Leve-as ao forno preaquecido, em temperatura média-alta, até o queijo derreter e o pão ficar levemente crocante. Sirva a seguir.

Rendimento: 8 porções
Tempo de preparo: 30 minutos

Risoles de Palmito com Catupiry

Ingredientes:

Massa

1 colher (sopa) de manteiga ou margarina
1 e 1/2 envelope de caldo de legumes em pó
2 e 1/2 xícaras (chá) de água
3 xícaras (chá) de farinha de trigo

Recheio

1 dente de alho picado
2 colheres (sopa) de manteiga
1 vidro de palmito picado
1 tomate sem pele e sem sementes (cortado em cubos)
2 colheres (sopa) de farinha de trigo
1/2 xícara (chá) de leite
3 colheres (sopa) de salsa picada
sal e pimenta-do-reino a gosto
1 xícara (chá) de catupiry

Para empanar

1 e 1/2 xícara (chá) de leite
3 xícaras (chá) de farinha de rosca
óleo para fritar

Modo de Preparo:

Massa: em uma panela, coloque a manteiga, o caldo e a água. Quando ferver, adicione a farinha de uma só vez, e mexa para incorporá-la. Cozinhe por uns 3 minutos, mexendo sempre. Transfira a massa para uma mesa untada com óleo. Deixe-a esfriar coberta com um pano úmido.

Recheio: refogue o alho na manteiga. Junte o palmito e o tomate. Refogue tudo e polvilhe a farinha. Acrescente o leite e mexa a mistura até engrossar. Tempere-a com salsa, sal e pimenta-do-reino. Desligue, junte o catupiry e misture. Deixe esfriar.

Montagem: abra a massa e corte-a em círculos, utilizando a boca de um copo. Recheie o centro com o creme de palmito, e dobre a massa formando uma meia-lua. Passe os risoles pelo leite e, depois, na farinha de rosca. Frite-os em óleo quente.

Rendimento: 25 porções
Tempo de preparo: 2 horas

Vol-au-vent de Vieiras

Ingredientes:
1 caixa de minivol-au-vent congelados (folhados)
250g de vieiras cortadas em cubos pequenos
sal a gosto
1/4 de xícara (chá) de saquê
2 colheres (sopa) de azeite
3 colheres (sopa) de cream cheese
2 colheres (sopa) de cebolinha picada

Modo de preparo:
Asse os minivol-au-vent conforme instruções da embalagem, e deixe-os esfriar. Tempere as vieiras com sal e o saquê, e frite-as no azeite até ficarem douradas. Junte o cream cheese e a cebolinha. Deixe esfriar. Recheie os vol-au-vent, e sirva-os a seguir.

Rendimento: 18 porções
Tempo de preparo: 40 minutos

Rolinhos Chineses

Ingredientes:
2 colheres (sopa) de óleo
2 colheres (chá) de gengibre ralado
1 dente de alho amassado
250g de carne moída
2 talos de cebolinha picada
1 colher (sopa) de molho de soja
1 colher (chá) de molho de pimenta
150g de broto de feijão (moyashi)
sal a gosto
3 colheres (sopa) de manteiga derretida
8 folhas de massa filo
sementes de gergelim para polvilhar

Modo de preparo:
Em uma panela, aqueça o óleo e frite o gengibre e o alho. Junte a carne moída e refogue-a até perder a cor vermelha. Adicione a cebolinha, o molho de soja, o molho de pimenta, o broto de feijão e sal. Com um pincel, passe a manteiga sobre todas as folhas de massa filo. Corte-as em retângulos de 10 cm de largura, e coloque uma porção da carne sobre cada folha de massa. Dobre as bordas laterais sobre o recheio e enrole os retângulos de massa, formando rolinhos. Pincele a superfície de cada rolinho com mais manteiga, e polvilhe as sementes de gergelim. Coloque-os em uma assadeira, e leve-os ao forno preaquecido (em temperatura média), por 20 minutos, ou até dourar. Sirva a seguir.

Rendimento: 16 porções
Tempo de preparo: 50 minutos

Casquinha de Siri com Lagostim

Ingredientes:
400g de carne de lagostim
sal, pimenta-do-reino e suco de limão a gosto
2 colheres (sopa) de azeite
2 tomates picados (sem pele e sem sementes)
1 cebola picada
1 dente de alho picado
400g de carne de siri congelado
1 tablete de caldo de peixe ou galinha
3 fatias de pão de forma (sem casca)
1/2 xícara (chá) de leite
16 casquinhas de siri ou forminhas tipo concha
1/2 xícara (chá) de queijo prima donna ralado

Modo de preparo:
Tempere os lagostins com sal, pimenta, suco de limão e reserve-os. Em uma panela, coloque o azeite e frite os lagostins por 3 ou 4 minutos. Retire-os da panela e reserve. Na mesma panela, refogue os tomates, a cebola e o alho. Junte a carne de siri e o caldo de peixe ou galinha. Deixe cozinhar. Acrescente os lagostins reservados e picados, e o pão umedecido no leite. Recheie as casquinhas e polvilhe queijo. Gratine no forno, bem quente, por alguns minutos.

Rendimento: 16 porções
Tempo de preparo: 40 minutos

Profiteroles de Camarão

Ingredientes:
Massa
3 xícaras (chá) de água
1 pitada de açúcar e sal
150g de manteiga
3 xícaras (chá) de farinha de trigo
6 ovos

Recheio
1/2 cebola picada
3 colheres (sopa) de manteiga
1 tomate sem pele e sem sementes (picado)
3 colheres (sopa) de farinha de trigo
300 ml de leite
250g de queijo tipo cottage
400g de camarão sete barbas
2 colheres (sopa) de cheiro-verde picado
sal e pimenta-do-reino a gosto

Modo de preparo:
Massa: em uma panela, coloque a água, o açúcar, o sal e a manteiga. Espere ferver, e junte toda a farinha de trigo de uma vez. Misture tudo e cozinhe por 3 minutos. Coloque esta massa na batedeira e vá acrescentando os ovos, um a um, até a massa ficar maleável. Coloque a massa em um saco de confeitar com bico pitanga, e modele os profiteroles em uma assadeira. Leve-os para assar em forno médio, por 20 minutos, ou até que estejam dourados. Reserve.
Recheio: em uma panela, refogue a cebola em duas colheres (sopa) de manteiga. Junte o tomate e deixe cozinhar bem. Dissolva a farinha em um pouco de leite e reserve. Coloque o leite restante na panela, e espere ferver. Adicione a farinha dissolvida no leite, mexa até engrossar e junte o queijo cottage. Em uma frigideira, coloque a manteiga restante e frite os camarões, rapidamente. Acrescente os camarões ao creme de queijo juntamente com o cheiro-verde, sal e pimenta. Corte os profiteroles ao meio, e recheie-os.

Rendimento: 20 porções
Tempo de preparo: 1 hora e 10 minutos

Quiche de Cebola Roxa e Queijo de Cabra

Ingredientes:

Massa

2 xícaras de farinha de trigo
100g de manteiga gelada (cortada em cubos pequenos)
1 pitada de sal
1/3 de xícara de água gelada

Recheio

1 talo de alho-poró (fatiado fino)
2 colheres (sopa) de manteiga
2 colheres (sopa) de farinha de trigo
2 xícaras (chá) de leite
1 e 1/2 xícara (chá) de queijo de cabra ralado
sal e pimenta a gosto
2 ovos
1 xícara (chá) de creme de leite fresco
1 pitada de noz-moscada
2 cebolas roxas médias (cortadas em fatias)

Modo de preparo:

Massa: misture a farinha, a manteiga e o sal até formar uma farofa. Acrescente a água gelada, aos poucos, até formar uma massa homogênea. Leve à geladeira por 20 minutos.

Recheio: em uma panela, refogue o alho-poró na manteiga. Dissolva a farinha em um pouco do leite, e coloque o restante na panela. Deixe ferver e adicione a farinha dissolvida, mexendo até que engrosse. Acrescente o queijo e tempere com sal e pimenta. Deixe esfriar. À parte, misture os ovos, o creme de leite, sal e a noz-moscada.

Montagem: abra a massa e forre o fundo e a lateral de miniformas de fundo removível. Coloque o creme de queijo e, por cima, a mistura de ovos e creme de leite. Espalhe as fatias de cebola, e leve as miniformas ao forno preaquecido em temperatura média, por 30 minutos, ou até que estejam douradas.

Rendimento: 20 porções
Tempo de preparo: 1 hora e 10 minutos

Leitão a Passarinho ao Molho Barbecue

Ingredientes:
Molho Barbecue
2 colheres (sopa) de cebola ralada
1 colher (sopa) de óleo
1/2 xícara (chá) de açúcar mascavo
1/2 xícara (chá) de vinagre branco
2 colheres (sopa) de molho inglês
2 xícaras (chá) de catchup
1 folha de louro
1 colher (chá) de chilli em pó
1/2 xícara (chá) de água
sal a gosto
Leitão
1 kg de carne de leitão
sal e pimenta a gosto
óleo para fritar

Modo de preparo:
Molho Barbecue: em uma panela, refogue a cebola no óleo. Acrescente o açúcar mascavo e o vinagre. Quando dissolver, acrescente o molho inglês, o catchup, o louro, o chilli em pó, a água, e cozinhe até o molho engrossar. Acerte o sal.
Leitão: corte a carne de leitão em cubos pequenos. Tempere-os com sal e pimenta. Frite-os no óleo quente até ficarem crocantes e dourados. Sirva acompanhado do molho barbecue.

Rendimento: 10 porções
Tempo de preparo: 40 minutos

Batatas ao Molho Branco e Vermelho

Ingredientes:
4 batatas grandes
1/2 xícara (chá) de creme de leite fresco (gelado)
1 colher (chá) de suco de limão
2 colheres (sopa) de ciboulette picada
1 dente de alho amassado
sal e pimenta-do-reino a gosto
4 tomates sem pele e sem sementes, bem picados
1 cebola pequena bem picada
1 pimenta dedo-de-moça verde sem sementes (picada)
1 pitada de cominho em pó
1 pitada de coentro em pó
óleo para fritar

Modo de preparo:
Embrulhe as batatas em papel-alumínio, e coloque-as em uma assadeira. Leve-as ao forno preaquecido, em temperatura média. Asse-as por 1 hora, virando-as na assadeira na metade do tempo. Retire a batatas do papel-alumínio e deixe-as esfriar. Retire a casca, corte-as em palitos grossos e curtos, e frite-as no óleo quente até ficarem douradas. Na batedeira, coloque o creme de leite, o suco de limão, a ciboulette, o alho, sal e pimenta. Bata até que a massa fique consistente, e reserve. Em outra tigela, misture metade dos tomates, a cebola, a pimenta, o cominho, o coentro, sal e a pimenta dedo-de-moça. Bata os tomates restantes no liquidificador até ficarem líquidos, e misture aos tomates picados. Sirva as batatas acompanhadas do molho branco e do molho vermelho.

Rendimento: 8 porções
Tempo de preparo: 1 hora e 30 minutos

Bloody Mary

Ingredientes:
2 colheres (sopa) de suco de limão
1 colher (sopa) de molho inglês
500 ml de suco de tomate
8 gotas de tabasco (molho de pimenta)
2 doses de vodca
flor de sal a gosto
cubos de gelo
talo de salsão (para decorar)

Modo de preparo:
Em uma coqueteleira, misture o suco de limão, o molho inglês, o suco de tomate, o tabasco, a vodca, flor de sal e gelo. Misture e sirva acompanhado de talo de salsão.

Rendimento: 10 porções
Tempo de preparo: 10 minutos

Bolas de Atum

Ingredientes:
2 latas de atum sólido (escorrido)
1/2 xícara (chá) de maionese
1/2 xícara (chá) de cebola bem picada
raspas de 1/2 limão
3 colheres (sopa) de salsa picada
6 colheres (sopa) de farinha de rosca
páprica picante e salsa picada para empanar
torradas de pão sírio para acompanhar

Modo de preparo:
Em uma tigela, misture o atum, a maionese, a cebola, as raspas, a salsa e a farinha de rosca, aos poucos, até dar consistência para moldar as bolas. Leve a mistura à geladeira, por 2 horas. Faça bolas com essa mistura e passe-as separadamente, na páprica ou na salsa, para empaná-las. Sirva com as torradas de pão sírio.

Rendimento: 15 porções
Tempo de preparo: 2 horas e 20 minutos

Patê de Tofu

Ingredientes:
250g de tofu firme (com soro)
1 dente de alho
sal e pimenta a gosto
1/2 xícara (chá) de tomate seco picado
10 folhas de manjericão
1/4 de xícara (chá) de nozes picadas
torradas para servir

Modo de preparo:
Bata no liquidificador o tofu com o soro, o alho, sal e pimenta. Retire a pasta do liquidificador e passe-a para uma tigela. Junte o tomate seco, as folhas de manjericão rasgadas grosseiramente, e as nozes. Sirva com torradas.

Rendimento: 10 porções
Tempo de preparo: 20 minutos

Pasta de Feijão

Ingredientes:
1 pão tipo baguete cortado em fatias
150g de queijo prato picado
1 colher (chá) de páprica picante
1 e 1/2 xícara (chá) de feijão cozido
1/2 pimentão vermelho picado
1 colher (sopa) de molho de pimenta forte
2 colheres (sopa) de maionese

Modo de preparo:
Coloque as fatias de baguete em uma assadeira, e leve-as ao forno preaquecido em temperatura alta, por 10 minutos. Vire as fatias, coloque o queijo sobre elas, polvilhe a páprica, e volte-as ao forno até que o queijo derreta. Reserve. No processador de alimentos, triture o feijão, o pimentão, o molho de pimenta e a maionese até formar uma pasta. Sirva com as torradas de queijo.

Rendimento: 10 porções
Tempo de preparo: 25 minutos

Mistureba

Ingredientes:
3 colheres (sopa) de melado
1/2 xícara (chá) de tequila
suco de 1/2 limão
gelo a gosto
1 lata de água tônica gelada
2 fatias de limão

Modo de preparo:
Em uma coqueteleira, coloque o melado, a tequila e o suco de limão. Agite bem e divida a mistura em dois copos. Complete os copos com a água tônica e decore as bordas com as fatias de limão. Sirva a seguir.

Rendimento: 5 porções
Tempo de preparo: 10 minutos

Creme de Milho e Peixe

Ingredientes:
1 colher (sopa) de óleo
1 cebola picada
2 e 1/4 de xícara (chá) de leite
3 batatas médias (cortadas em cubos bem pequenos)
1/2 lata de milho em conserva (escorrido)
250g de cação (cortado em cubos pequenos)
1 colher (sopa) de salsa picada
sal a gosto

Modo de preparo:
Aqueça o óleo em uma panela e frite a cebola até murchar. Adicione o leite, as batatas e cozinhe, em fogo baixo, por 20 minutos. Bata no liquidificador e retorne a mistura para a panela. Acrescente o milho, o peixe e cozinhe mais um pouco, sempre com a panela tampada. Adicione o sal e mexa com cuidado para não desmanchar o peixe. Desligue, polvilhe a salsa e sirva.

Rendimento: 10 porções
Tempo de preparo: 50 minutos

Terrine de Palmito

Ingredientes:
1 xícara (chá) de leite
1 xícara (chá) de creme de leite fresco
5 colheres (sopa) de mistura para creme de cebola
9 folhas de gelatina incolor
2 vidros de palmito
250g de queijo tipo cottage
1 xícara (chá) de ricota fresca
sal e pimenta-do-reino a gosto
3 colheres (sopa) de salsa picada
2 colheres (sopa) de cebolinha picada

Chutney de Damasco
2 xícaras (chá) de damascos secos
2 xícaras (chá) de açúcar
2 xícaras (chá) de vinagre de maçã
1 semente de cardamomo
1 colher (sopa) de gengibre bem picado
2 dentes de alho (cortados em fatias)
1/2 pimenta dedo-de-moça
sal a gosto
torradas para servir

Modo de preparo:
Em uma panela, aqueça o leite, o creme de leite fresco e o creme de cebola mexendo até engrossar, e desligue. Hidrate as folhas de gelatina em água até amolecerem, esprema-as e misture-as no creme da panela ainda quente, mexendo tudo até dissolver. Reserve. Triture no processador de alimentos o palmito, o cottage, a ricota, sal e pimenta. Misture ao creme reservado, juntamente com a salsa e a cebolinha. Coloque a mistura em formas para miniterrines, e leve-as à geladeira até que as terrines estejam firmes.
Chutney de Damasco: cozinhe os damascos secos até ficarem macios. Leve ao fogo o açúcar e o vinagre até formar uma calda. Junte os damascos escorridos e picados, o cardamomo, o gengibre, o alho, a pimenta, sal e cozinhe até desmancharem levemente. Deixe esfriar. Desenforme as terrines e sirva-as com torradas e com o chutney de damascos.

Rendimento: 12 porções
Tempo de Preparo: 2 horas

Antepasto de Berinjela

Ingredientes:
4 berinjelas grandes (cortadas em cubos)
1 pimentão vermelho (cortado em cubos
01 pimentão verde (cortado em cubos)
1 pimentão amarelo (cortado em cubos)
2 cebolas (cortadas em cubos)
2 dentes de alho (cortados em lâminas)
1 pimenta dedo-de-moça sem sementes (picada)
2 ramos de tomilho
2 xícaras (chá) de azeite extravirgem
sal a gosto
1/4 de xícara (chá) de suco de limão ou vinagre
1/4 de xícara (chá) de azeitonas pretas picadas
1/2 xícara (chá) de tomate seco picado
1/2 xícara (chá) de manjericão fresco
2 colheres (sopa) de orégano
Panecitos Integrais Nutrella para acompanhar

Modo de preparo:
Junte, em uma assadeira, a berinjela, os pimentões, a cebola, o alho, a pimenta e o tomilho. Regue com meia xícara (chá) do azeite e leve ao forno até que os vegetais estejam macios. Retire-os do forno e coloque-os em um refratário fundo. Tempere-os com sal, o limão, o restante do azeite, as azeitonas, o tomate seco, o manjericão e o orégano. Leve à geladeira por, no mínimo, 2 horas. Sirva com os Panecitos.

Rendimento: 25 porções
Tempo de Preparo: 3 horas

Bruschetta Trio de Queijos

Ingredientes:
1/3 de xícara (chá) de mussarela ralada
1/3 de xícara (chá) de queijo maasdam ralado
1/3 de xícara (chá) de gruyère ralado
8 Panecitos Tradicionais Nutrella
1/3 de xícara (chá) de geleia de pimenta
nozes para decorar

Modo de preparo:
Em uma tigela, misture a mussarela, o queijo maasdam e o gruyère. Espalhe essa mistura sobre os Panecitos e leve-os ao forno até que os queijos derretam. Espalhe a geleia e decore com uma noz. Sirva a seguir.

Rendimento: 8 porções
Tempo de Preparo: 30 minutos

Entrada de Pimentão e Anchovas

Ingredientes:
2 pimentões vermelhos (cortados ao meio e sem sementes)
1 cebola cortada em rodelas
1 colher (sopa) de salsa picada
1 colher (sopa) de azeite
1/2 colher (chá) de páprica picante
sal e pimenta-do-reino a gosto
8 Panecitos Integrais Nutrella
16 filés de anchovas em conserva

Modo de preparo:
Coloque os pimentões e a cebola em uma assadeira e leve-os ao forno em temperatura média, por 30 minutos. Passe-os para o processador de alimentos e triture-os junto com a salsa, o azeite, a páprica, sal e pimenta até formar uma pasta homogênea. Coloque a pasta de pimentão sobre os Panecitos e distribua os filés de anchova. Sirva a seguir.

Rendimento: 20 porções
Tempo de Preparo: 40 minutos

Patê de Amêndoa

Ingredientes:
200g de farinha de amêndoas
1/2 xícara (chá) de água
1/2 xícara (chá) de azeite
1 ramo de cebolinha
2 dentes de alho
sal e pimenta-do-reino a gosto
Panecitos Tradicionais Nutrella para acompanhar
tomates-cereja (cortados ao meio)

Modo de preparo:
No processador de alimentos, coloque a farinha de amêndoas, a água, o azeite, a cebolinha, o alho, sal e pimenta. Bata muito bem até formar uma pasta homogênea. Sirva sobre os Panecitos e decore-os com tomates-cereja.

Rendimento: 10 porções
Tempo de Preparo: 15 minutos

Pernil Desfiado

Ingredientes:
1kg de pernil suíno
sal e pimenta calabresa a gosto
1/2 xícara (chá) de vinho tinto seco
1 litro de água
3 colheres (sopa) de azeite
1 cebola picada
1 colher (sopa) de gengibre ralado
1/2 pimentão vermelho picado
1 cenoura ralada no ralo fino
1 colher (chá) de mostarda
2 colheres (sopa) de cebolinha picada
Panecitos Integrais Nutrella para acompanhar

Modo de preparo:
Na panela de pressão, coloque o pernil temperado com sal e pimenta, o vinho e a água. Feche a panela e cozinhe por 30 minutos, contados a partir do início da pressão. Abra a panela, verifique se a carne está macia, deixe-a esfriar e desfie. Em uma panela, aqueça o azeite e frite a cebola e o gengibre. Junte o pimentão, a cenoura, a mostarda e deixe refogar até o pimentão ficar macio. Tempere com sal e misture a cebolinha e o pernil desfiado. Deixe aquecer e desligue. Sirva a carne com os Panecitos.

Rendimento: 20 porções
Tempo de Preparo: 50 minutos

Rua dos Italianos, 845 — Bom Retiro — Cep 01131-000
São Paulo — SP — Brasil — (11) 3846-5141
contato@boccato.com.br
www.boccato.com.br — www.cooklovers.com.br

Edição: André Boccato
Coordenação editorial: Rodrigo Costa
Coordenação administrativa: Maria Aparecida C. Ramos
Cozinha experimental: Aline Maria Terrassi Leitão / Daniel Borges
Fotografias: Estúdio Boccato – Cristiano Lopes
Produção fotográfica: Cristiane Macaroni
Coordenação de produção: Arturo Kleque Gomes Neto
Diagramação: Vanessa Moraes Ferreira dos Santos
Revisão de textos: Maria Paula Carvalho Bonilha
Diretor Comercial: Luís Otávio
Coordenadora de marketing: Joseane Cardoso
Colaboração: Dorian Calado / Fábio Pereira / Maria do Carmo Felix / Marina Carmona / Rita de Cassia
Peças e objetos para as fotografias: www.shopfesta.com.br

As fotografias das receitas deste livro são ensaios artísticos, não necessariamente reproduzindo as proporções e a realidade das receitas, as quais foram criadas e testadas pelos autores. Sua efetiva realização, porém, será sempre uma interpretação pessoal dos leitores.

Dados Internacionais de Catalogação na Publicação (CIP)
(Câmara Brasileira do Livro, SP, Brasil)

Boccato, André
Finger food : pequenas porções / André Boccato & Equipe Cooklovers . -- 1. ed. -- São Paulo : Boccato, 2013. -- (Atelier de receitas)

1. Culinária (Receitas) I. Equipe Cooklovers. II. Título. III. Série.

13-03336 CDD-641.5

Índices para catálogo sistemático:

1. Receitas : Culinária 641.5